Luisa Rose
Die Struwwelliese
Ausmalbuch für Erwachsene

AF158417

Bibliografische Information der Deutschen Nationalbibliothek:
Die Deutsche Nationalbibliothek verzeichnet diese Publikation in der
Deutschen Nationalbibliografie; detaillierte bibliografische
Daten sind im Internet über http://dnb.dnb.de abrufbar.

© 2016 Luisa Rose; 1. Auflage
Covergrafik, Texte & Illustrationen © 2016 Luisa Rose

Herstellung und Verlag: BoD – Books on Demand, Norderstedt

ISBN: 9783743102811

Ich komm' mit geröteten Wangen
In euer gastliches Haus,
Ein Mägdelein, schüchtern, befangen,
Und bitte: „Lacht mich nicht aus".
Es hat mich immer verdrossen,
Dass vom „Struwwelpeter" es hieß:

„Den hat man in's Herz geschlossen"
Und nicht auch die „Struwwel-Lies"
D'rum, wenn in die Kinderstuben
Der Weihnachtsmann tritt herein,
Der „Peter" gehört für die Buben,
Das „Liesel" den Mägdelein!

Seht einmal, wie gähnt sie,
Alle Glieder dehnt sie;
Ungewaschen bis auf's Hemd,
Loch im Strumpf und Loch im Schuh,
Pfui, Du garst'ges Liesel Du!

Das mutwillige Liesel

Ein Püppchen mit goldenem Lockenhaar,
Mit roten Bäckchen und Augen so klar,
Ein Püppchen mit seidenem Hut und Schuh,
In duftigem Kleide und Gürtel dazu,
Das hatte Knecht Ruprecht dem Liesel gebracht,
O Liesel, nimm ja deine Puppe in Acht!

Zwei Tage hatte Lieschen die
Puppe geherzt
Und mit ihr geplaudert und
mit ihr gescherzt

Am dritten Tag' jedoch mochte sie, nein,
Gar nicht mehr bei ihrer Puppe sein.
Und die war doch so artig und gut;
O Liesel, so sei doch auf deiner Hut.

Am vierten Tage da zauste es gar
Der Puppe das seidene Lockenhaar.

Und riss ihr das Kleidchen ganz entzwei;
Der Waldi steht verwundert dabei;

Er brummt und knurrt in sich hinein:
„Du böses Liesel, lass das sein!"

Doch das garstige Liesel
schämt sich nicht
Und zerzaust dem Püppchen
das liebe Gesicht;

Zerrissen sind längst schon
Schuhe und Hut,
Aus dem linken Bein da
sickert das Blut

Und der Spitz bellt laut und
heult dazu.
Pfui, du grausames Liesel

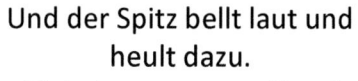

Da nimmt das Lieschen die Puppe beim Schopf
Und wirft sie dem Waldi an den Kopf

Doch dieser keinen Spaß verstand
Und biss das Liesel in die Hand.

Das tat so weh, da schrie es sehr,
Nun quält es nie eine Puppe mehr!

Das naschhafte Lieschen

Lieschen war ein gutes Kind,
Folgte der Mama geschwind,
War gehorsam ihrem Worte,
Aber ach, es aß gern Torte.
Wo es etwas konnt' erhaschen,
Sei es Honig oder Kuchen,
Gleich wollt' es dies auch versuchen,
Und so hat es sich zum Schaden
Oft den Magen überladen.

Heute stand nun auf dem Tisch,
Geburtstagskuchen schön und frisch,
Reich verziert mit Marzipan,
Lieschen guckt ihn gierig an.
Herrlich träufelnd in die Luft,
Steigt der süße Kuchenduft,
Breitet aus sich im Gemach,
Lieschen schnuppert schon danach;
Nur mal riechen will es bloß,
Na, nun geht das Unglück los.

Seht, da steht es auf der Bank.
Wo es ihm gar bald gelang,
All' die Küchenmelodie'n
In die Nase einzuzieh'n.

Ach, da war's um sie geschehen,
Und sie konnt' nicht widerstehen.

Happs! Schon ist ein Stück im Mund,
Rasch verschwindet es im Schlund,
Und von da aus ohne Fragen
Rutscht der Kuchen in den Magen.

Aber ach, schon sieht man hier
Die Vergeltung auch dafür.

Lieschen spürt sogleich beim Bücken
Übelkeit und Magendrücken;

Weil der Kuchen frisch noch war,
Wird er nun im Magen gar.

Vierzehn Tage Magenweh,
Nichts dazu als Fiebertee,

Als das Übel sich verlor,
Gab's auch noch was hinten vor.

Die unartigen Schwestern

Sinnig, artig und bescheiden
Seh'n wir Gret' und Lieschen oft,

Doch die Wandlung kommt bei beiden
Plötzlich und ganz unverhofft.

Doch der Vater hat's gesehen,
Und die Strafe folgt sofort –
's hilft kein Schreien und kein flehen –
Auf dem dritten Bilde dort.

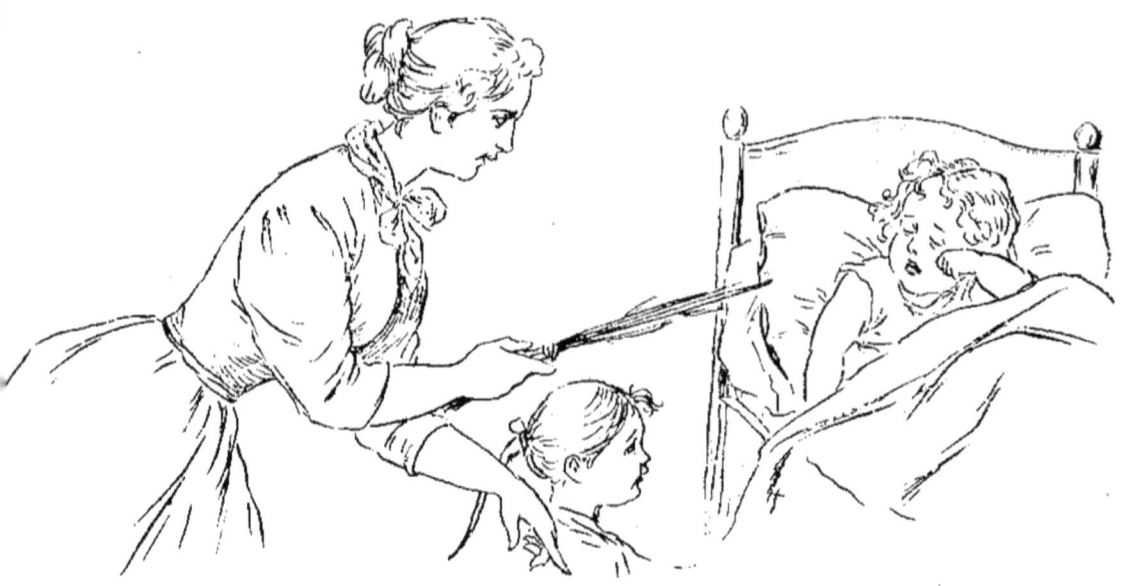

Das schlafmützige Liesel

Liesel will am Morgen schier
Aus dem Bett nicht steigen,
Immer muss die Mutter ihr
Erst die Rute zeigen.

Heut' schon wieder liegt sie da
Wie ein Klotz im Bette,
Längst schon auf ist die Mama
Und die gute Jette.

Sonne guckt zum Fenster rein
Ganz verwundert eben,

„Muss dem faulen Lieselein
Nasenstüber geben!"

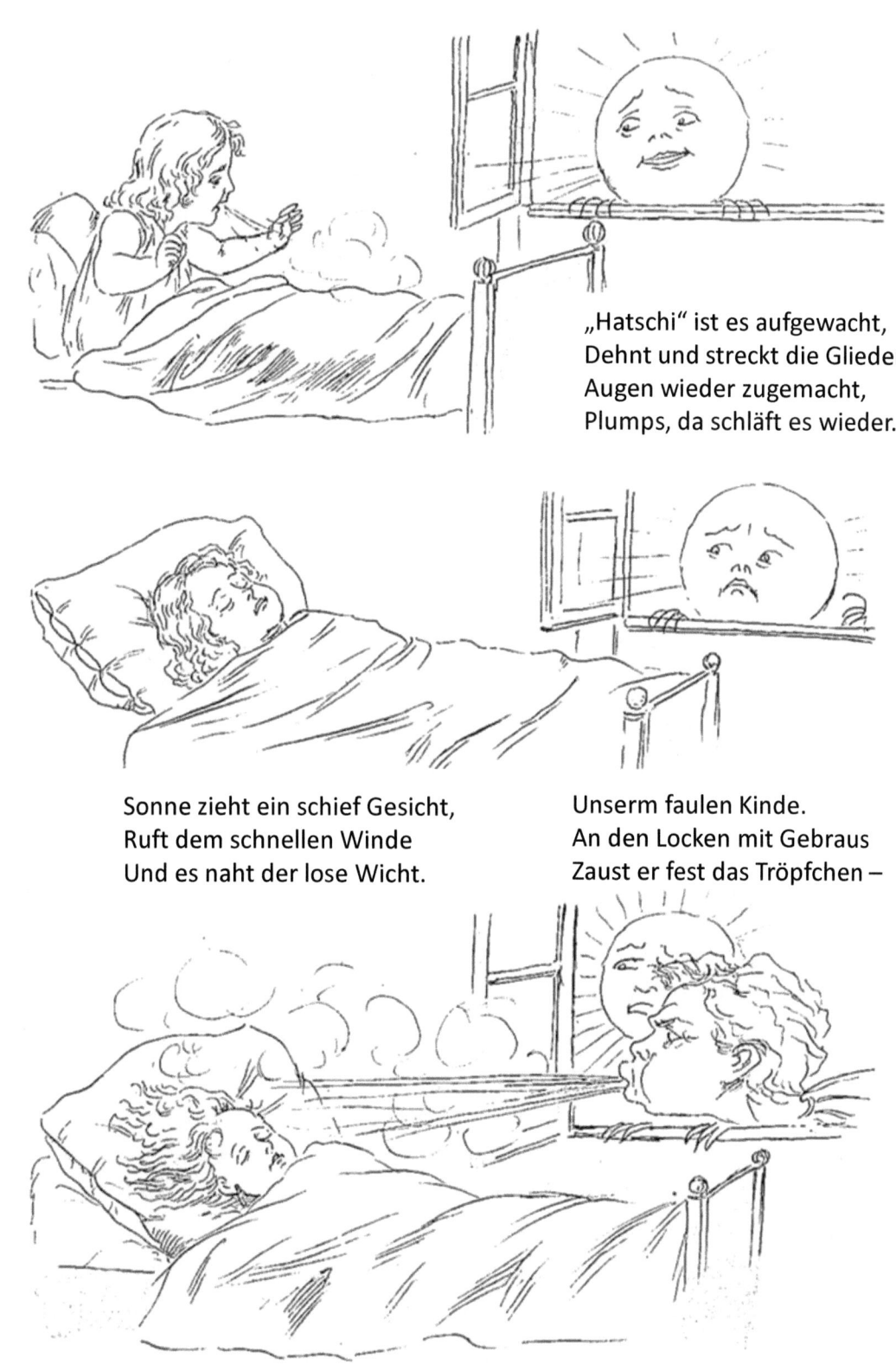

Lieschen macht sich nichts daraus
Und versteckt das Köpfchen.

Sonne holt die Feuerwehr   Mit der großen Spritze

Und nun dringt ein Wassermeer
Durch die Fensterritze.
Klitsche, klatsche in's Gesicht,

Arme, Brust und Füße,
Ja, nun hilft das Schreien nicht,
Kleine, faule Liese!

Seht, da steht sie pudelnass,
Hemdchen tropft am Kinde,
Doch Frau Sonne macht es Spaß
Und dem losen Winde.

Hei, wie hat der kalte Strahl
Lieschen 'rausgetrieben!
Ist es später noch einmal
Faul im Bett geblieben?

Vom Lieschen, das gelogen hatte

Wenn mein Kindlein geht zur Ruh',
Faltet es die Hände,
Flüstert leis mit reinem Gewissen
dem Heiland zu,
Dass es Engel sende;
Und die Eng'lein stehen schnell
Ihm zu Kopf und Füßen,
Woll'n mit Träumen lieb und hell
Ihm den Schlaf versüßen.

Dann im Traume darf mein Kind
Auf zum Himmel schweben,
Wo die gold'nen Sterne sind
Und der Mond daneben;
Wo der Eng'lein holde Schar
Singt und jubilieret,
Und zu Freuden wunderbar
Unser Kindlein führet.

Das Lieschen hat heute ohne zagen,
Der Mutter verschwiegen die Wahrheit zu sagen,
Doch es denkt, es wäre ja nicht mehr so klein
Und einmal lügen wäre fein.
So legt es sich ohne Gewissen nieder,
Gähnt noch einmal und schließt die Lider.
Schutzengelein aber im Himmel erschrickt,
Sobald es von oben das Liesel erblickt,
Denn bei Lügen darf es ja nicht hinunterfahren
Und vor Leid und Unheil klein Liesel bewahren.

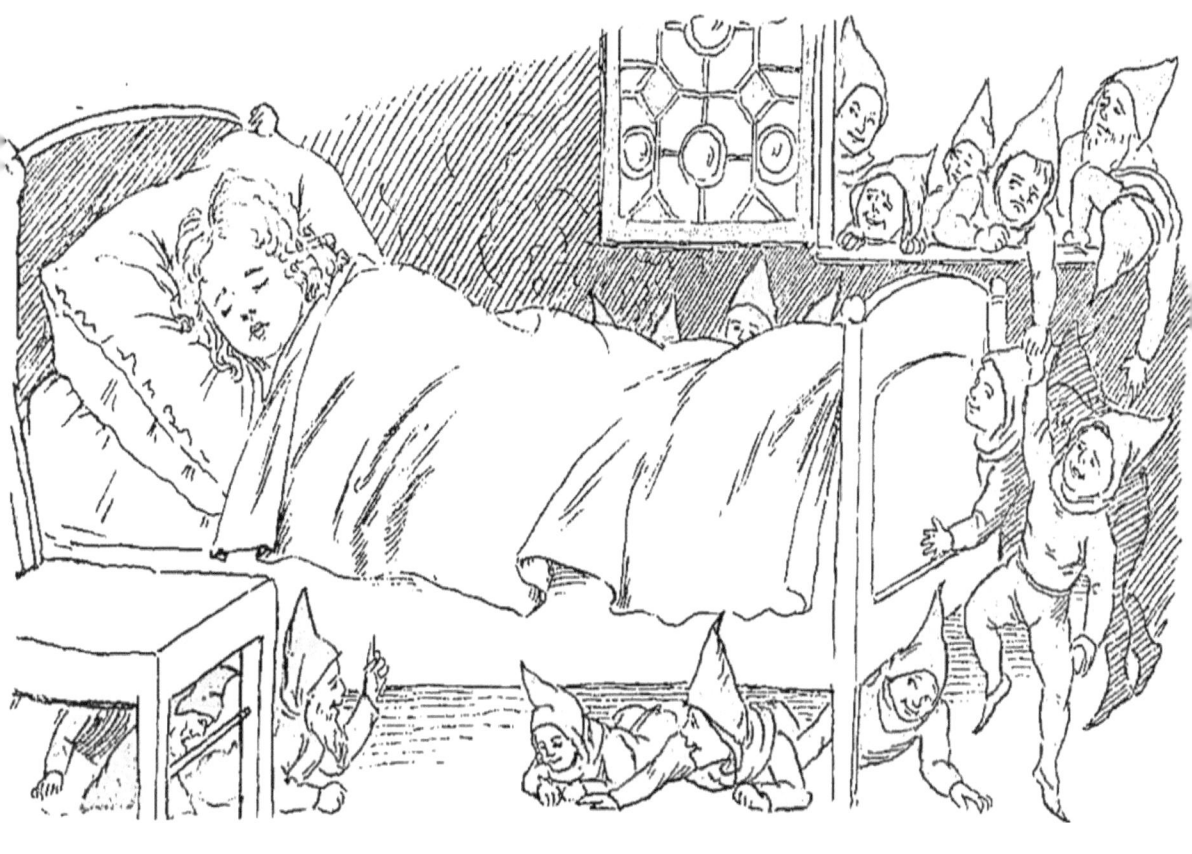

Kennt ihr, die sich hier verstecken,
Hinter Stühlen, in den Ecken
Heimlich kichern, leise scharren,
Jeden haben sie zum Narren.

Necken, foppen, randalieren,
Giftig lauern hinter Türen,
Wo die Eng'lein zieh'n hinaus,
Kommt die Koboldschar in's Haus.

Seht, schon zwicket da der eine
Uns'rem Liesel in die Beine,
Jener zupft es gar am Haar.

Und die and're lose Schar
Zieht die Decke oben los
Und klein Lieschen liegt ganz bloß.

Jetzt fährt sie im Bett empor
„Hui", verschwunden ist das Korps.
Nur ein Kichern tönt versteckt,
Lieschen hat sich zugedeckt.

Seht, da öffnet sich die Tür;
Mit dem großen Sack
Tritt Knecht Rupprecht jetzt herfür,
Trägt ihn huckepack.

Doch die Rute unter'm Arm
Hält er drohend hin,
Lieschen wird es kalt und warm
Und betrübt zu Sinn;
Heult und schreit und jammert nun:
„Will's gewiss nicht wieder tun!"
Und Knecht Rupprecht mahnend spricht:
„Diesmal straf' ich dich noch nicht
Und entfern' mich still;
Hast es nun ja selbst geseh'n.
Was dem Kinde wird gescheh'n,
Das nicht die Wahrheit sagen will."

Lieschen ist vom Schlaf erwacht,
Faltet schnell die Hände,
Schwört bei Gott in dieser Nacht
Das keine Lüge sie mehr macht.
Jetzt kommen schnell die Eng'lein,
stehen schnell zu Kopf und Füßen,
Woll'n mit Träumen lieb und hell
Lieschen den Schlaf versüßen.

Weitere Ausmalbücher von Luisa Rose:

Titel	ISBN
Alice im Wunderland	9783741297502
Blumen und Märchen	9783743102002
Der Struwwelpeter	9783743102699
Die Struwwelliese	9783743102811
Don Quixote	9783743104037
Drei kleine Schweine	9783743104099
Eine Blumenhochzeit	9783743104105
Fröhliche Reigenspiele	9783743104112
Lustige Tanzspiele	9783743104273
Reise ins antike Griechenland	9783743112568
Flucht ins antike Griechenland	9783743112599
Pariser Leben im 19.Jahrhundert	9783743112704
Die Sommerkönigin	9783743112742
Der Schneider und die Krähe	9783743112827
Die Wikinger	9783743113275
Hänsel und Gretel	9783743114265
Max und Moritz	9783743103214
Schnurrdirburr	9783743112834
Mode des 18. und 19. Jahrhunderts	9783743112971
Kostümbilder des 18. und 19. Jahrhunderts	9783743114401
Abenteuer im Bienenland	9783743117051
Griechische Helden der Antike	9783743117709
Märchen alter Zeit	9783743116559

Notizbücher von Luisa Rose:

Titel	ISBN
Drachentöter (Notizbuch)	9783743113077
Natures Wonders (Notizbuch)	9783743113817
Gedankenspiel Notizen (Notizbuch)	9783743113886
Smaragd Notizen (Notizbuch)	9783743114296
Jagd Notizen (Notizbuch)	9783743114302
Tradition (Notizbuch)	9783743114319
Antik Notizbuch (Notizbuch)	9783743114326
Veni Vidi Vici (Notizbuch)	9783743114340
Black List (Notizbuch)	9783743114371
Mystic Notes (Notizbuch)	9783743114388
Magic Notes (Notizbuch)	9783743114418
Fantasien (Notizbuch)	9783743114463
Creative Notes (Notizbuch)	9783743114487
Persönliche Notizen (Notizbuch)	9783743114494
Peter Pan (Notizbuch)	9783743114531
Rose (Notizbuch)	9783743114548
Quality Street (Notizbuch)	9783743114555
Rubin Notizen (Notizbuch)	9783743114647
Schmetterlinge (Notizbuch)	9783743114661
Ali Baba (Notizbuch)	9783743114678
The portrait of a Lady (Notizbuch)	9783743114692
Shakespeare (Notizbuch)	9783743114722
Brainstorming (Notizbuch)	9783743114739
Merlin (Notizbuch)	9783743114746
Rügen (Notizbuch)	9783743114784

Möchtest du über neue Bücher von Luisa Rose per email Informiert werden? Dann schicke eine Email mit ‚Newsletter' im Betreff an Luisa.Rose@t-online.de